A ÚLTIMA PEÇA

Inez Viana

A ÚLTIMA PEÇA

Cobogó

para minha mãe, meu coração

aos irmãos, Marcus e Renato
à cunhada, Andrea
à sobrinha e afilhada, Mariana
ao amor, Debora

ao meu pai (*in memoriam*)

"Súplice, ela não tinha como estender
os seus braços a Argos, mesmo se quisesse;
e, tentando queixar-se, emitiu um mugido,
e ficou aterrada ao som da própria boca."

(*Metamorfoses*, Ovídio, I, 635-50)

SUMÁRIO

O que fazer a partir daqui?, por Marcio Abreu   13

A ÚLTIMA PEÇA   17

Memória das coisas, por Danilo Grangheia   45

Lembrar, por Thomas Quillardet   49

A primeira palavra, por Inez Viana   53

O que fazer a partir daqui?

> "À medida que transcorrem os anos, todo homem é obrigado a desonerar a carga crescente de sua memória. Duas me torturavam, confundindo-se, às vezes: a minha e a do outro, incomunicável." (...) "No início as duas memórias não misturavam suas águas. Com o tempo, o grande rio de Shakespeare ameaçou, e quase submergiu, meu modesto caudal. Percebi com temor que estava esquecendo a língua de meus pais. Já que a identidade pessoal se apoia na memória, temi por minha razão."
>
> **(Memória de Shakespeare – J.L. Borges)**

O tema da memória é bastante recorrente nas experiências de criação artística em todos os tempos. Muito já se disse, já se fez, já se viu. Muito já se estudou e ainda se estuda em diversos campos do conhecimento. A filosofia se ocupa da memória, a medicina, a psicanálise, a pintura, a fotografia, o cinema, as ciências do ensino e da transmissão de saberes, as culturas de tradição oral, as múltiplas tradições e práticas de investigação do corpo como linguagem, a poesia, a imensa poesia do mundo, em suas plurais e insuspeitadas manifestações em cada canto da geografia e da história, busca, na memória, recordação e esquecimento, afirmação e impulso, reconhecimento e movimento.

Cada um de nós se insere numa complexa rede de produção de memória e atravessamentos de tempos diversos em convivência. Cada um e todos nós, um poço sem fundo, um horizonte infinito, uma doença, um idílio, um inferno, um paraíso, um lugar nunca alcançado, uma dimensão do desconhecido.

Não há novidade na memória, assim como não se sabe muito sobre ela. Nem o novo, nem o conhecido. Esse lugar. Talvez um forte ponto de interseção com a arte: nem nova, nem conhecida. Está na nossa vida, é indispensável, vital, mas ao mesmo tempo é imponderável, anacrônica, fugidia. Uma e outra. Memória e arte.

É nessa perspectiva que aparece o texto que enseja este livro. Uma escrita para a cena, feita por uma mulher de teatro, Inez Viana, atriz, cantora, diretora e dramaturga que emerge da experiência mesma de feitura, de artesania e de vivência do teatro, como corpo em movimento, voz que ressoa, pensamentos que se articulam no dia a dia de uma artista brasileira vinculada ética e esteticamente com as dinâmicas mutantes e vertiginosas da nossa sociedade e, portanto, da nossa arte.

A última peça transita por muitas camadas de ficção e realidade. Tensiona o teatro como linguagem, faz perguntas a respeito da sua capacidade para falar sobre as coisas, volta-se para si mesma num frequente movimento de tentativas e fracassos de se constituir como obra acabada dentro dos parâmetros narrativos convencionais. Hesita, retorna, duvida, faz volteios, arrisca passeios por camadas mais distantes de qualquer traço de realismo e se inscreve como objeto dramatúrgico que coloca forma e conteúdo numa intrincada indissociabilidade.

Nessa teia fazedora de sentidos, aparecem os conflitos ancestrais entre mãe e filho, aluna e professor, atriz e ator ou qualquer outra combinação possível de se fazer internamente com esses duos. O incansável movimento em direção ao outro, as tentativas de existir, com algum contorno, nesse mundo que treme, a obstinação por encontrar por baixo de alguma poeira fina, num buraco que se abre sob nossos pés, alguma cidade submersa, mas luminosa, onde lembrar ou esquecer seja impulso para mover o mundo na direção de ideias de liberdade e convivência com o outro em toda a sua maravilhosa diferença.

Marcio Abreu
Ator, diretor e dramaturgo
Rio, maio de 2018

A ÚLTIMA PEÇA

de **Inez Viana**

–1.

MÃE e FILHO em cena.

MÃE: Mãe propõe que o filho, do qual ela não se lembra, continue a peça, que ele diga qual o caminho, pra onde estão indo, o que fazer a partir daqui. O que fazer, a partir daqui! [*pausa*] Como ela deverá ser e agir na visão dele. O que ele ainda espera dela. Cansei de escrever. Não sai mais nada. Continue você, Thomas. Escreve você, a partir daqui. Eu não dou conta de escrever esse texto sozinha. Não dá pra ter só um ponto de vista. Toda história tem no mínimo dois pontos de vista. Ou, dependendo dela, mudamos para três ou quatro.

Durante a fala da MÃE, o ator apresenta vários objetos cortantes, perfurantes e contundentes.

MÃE: Eu não sei terminar. Preciso que você continue. E que termine. Se você não quiser, peça pra alguém aqui. Alguém pode ter tido uma experiência parecida. Pode ajudar... Ou se ajudar.

FILHO: Essa peça é a peça da mulher que não lembra do filho. Do seu filho. Ela não lembra que tem um filho, nem que é mãe, portanto. Essa peça é sobre uma mulher desmemoriada. Uma mulher que não se lembra do próprio filho, nem que teve um filho, nem dos momentos antes de rever o filho. Nem depois. São apenas fragmentos, imagens que o cérebro tenta reproduzir, mas que ficam pela metade. Ela pensa que isso é real, mas é apenas um lapso de sua memória. Nada disso aconteceu, nem vai acontecer. Essa peça não existe. Pelo menos pra ela, não.

MÃE: Essa peça não é a peça da mulher que não lembra do filho. Ela não lembra porque ele nunca existiu. Ao contrário desta peça, que existe, e que está acontecendo agora. Talvez ela não se lembre do porquê de não ter tido filhos e não do filho, que não teve. Mas se ela teve realmente um filho, de quem no momento ela não está se lembrando, aí, sim, essa peça talvez só aconteça dentro da cabeça dela, aí, sim, pode ser uma invenção, para parecer não se lembrar dele. De propósito. Ela pode estar inventando que não se lembra do filho para não sofrer mais com ele. Ele, em sua peça, que talvez só aconteça aqui [*aponta para a cabeça*], mas que está acontecendo agora, não foi legal com ela.

FILHO: Ele é um filho incrível pra ela. Cuida dela, agora que ela não se lembra mais dele e de quase nada da vida e fica inventando histórias... Ele estava morando fora, quando soube que ela estava doente. Eles não tinham uma boa relação.

MÃE pega um instrumento musical.

FILHO: Mas quando soube que ela estava doente, ele organizou sua vida e voltou. Pra esse país de merda!

> Pra cuidar dela. Talvez culpa. Talvez. Mas ela não se lembra. Ela acha que ele é um professor de francês. Ah! Esqueci de dizer antes: ela inventou isso também.

MÃE: Ela não acha que ele é um professor de francês. Ele é professor de francês. Ela colocou um anúncio no jornal e ele apareceu. Aliás, não só ele, como três outros candidatos. Mas ela gostou dele, da aparência dele, e ele ficou. Só isso. [*pausa*] E a memória dela está muito bem, obrigada.

MÃE toca.

FILHO: Que anúncio? Você está inventando isso... Pra que ela colocaria um anúncio? Pra que aprender francês? Desculpa besta...

MÃE: Porque ela leu no jornal que toda pessoa precisa aprender uma língua ou tocar um instrumento para ativar o cérebro. Serve fazer palavras cruzadas também.

MÃE para de tocar.

MÃE: Faz bem para a saúde! E ela sempre quis aprender francês, qual o problema? A mãe dela era fascinada por uma atriz francesa chamada...

Ela era fã da... Que assobiava... Micheline Dax. Micheline Dax! Ela viu sete vezes o *La française et l'amour*, um filme inepto sobre a natureza do amor. "Na infância, na adolescência, na virgindade, no casamento, no adultério, no divórcio e na solidão".

Nem tão inepto assim. Me disseram outro dia que ninguém fala mais inepto. Que era literário demais para se colocar numa peça. Eu falo. Inepto. Inepto. *La française et l'amour*. Ela viu sete vezes. Entende? Sete!

MÃE volta a tocar.

Pausa.

MÃE para de tocar.

FILHO: Ele, o filho, finge ser esse professor para entrar no jogo, para animá-la, e começa a dar "aulas de francês" pra ela.

MÃE volta a tocar.

FILHO: Pra ter algum contato, pra se redimir, pra ficar perto, pra ela se lembrar dele, mas ela não demonstra muito interesse. É preocupante o estado em que as coisas chegaram.

MÃE para de tocar.

FILHO: Ela o trata bem, com educação, mas é fria, distante.

MÃE: Ela o trata normalmente, respeitosamente, como qualquer uma trataria um professor de francês desconhecido. Ele é um desconhecido. Nem do Brasil ele é! E quando ela começa a brigar com ele, por conta de sua insistência, porque não consegue aprender nada, porque acha que ele é um professor de araque, um impostor, diz coisas horríveis pra ele, mas, sem perceber, diz em francês. Percebem? Ela, sem querer, começa a falar a língua dele, na sua frente, brigando com ele. E ele chora, porque ela aprendeu... Ele fica emocionado com isso... Demonstra uma sensibilidade que até aquele momento não havia aparecido. Ele conseguiu ensinar, apesar de ser um professor [*faz gesto de mais ou menos*].

FILHO: [*um tom acima*] Ele chora porque sua própria mãe não se lembra dele. Porque ele não quer estar aqui. Porque ele não queria ter tido essa mãe. Porque ele está exausto! [*pausa*] Ela já falava francês, antes, por causa do meu pai. Mas esqueceu que falava, depois lembrou, na briga. Ela diz coisas horríveis pra ele. Inverte a situação o fazendo se sentir culpado, rejeitado. MONSTRA!

MÃE: [*um tom acima*] Não! Ela não lembra porque não tem nada pra lembrar. Ele não é o filho dela. Ponto. Ela não teve filhos. Que saco essa cobrança! Ele é um cara que está fazendo o papel de professor, um ator, que veio passar um tempo aqui fugindo de alguém, que ficou lá... uma história de amor. Horrível! Que acabou. Não deu certo. Ele é uma pessoa difícil de lidar. Sistemático. Não consegue dividir nem ceder. Por isso o relacionamento deve ter acabado. Vem pra cá e ainda fica falando mal deste lugar... Desde criança é assim, egoísta. Uma vez enfiou uma barata inteira na boca, só deixou as perninhas de fora. [*pausa*] Ele que disse que era assim. Só estou repetindo o que ele falou, quando conversamos no teste para professor de francês. Ele disse: "Não consigo dividir nem ceder. Desde criança sou assim, egoísta. Quase engoli uma barata." Disse isso, no teste.

Pausa.

FILHO: Eu sou o filho dela.

Pausa.

MÃE: E ela se sensibiliza quando ele conta que ainda amava a pessoa que havia deixado lá. Ela teve compaixão pelo professor, por este ator, e num impulso o abraça.

FILHO: Você não se lembra do meu cheiro? Da minha voz?

MÃE: [*grita*] Você não é meu filho!

MÃE o abraça, meio sem jeito.

FILHO: Do seu filho? Como você pode me esquecer? Por que isso acontece?

MÃE: [*grita*] Você não é meu filho!

FILHO: [*grita*] Como você pode me esquecer? Mãe?

Pausa.

FILHO arrasta a MÃE violentamente para o outro lado da sala. MÃE vai à força. Lutam. FILHO é violento. Abandona a MÃE num canto. MÃE tem medo do FILHO.

FILHO: [*ofegante*] Essa peça é a peça da mulher que não lembra... Ela não lembra que tem... Do próprio...

Essa peça é a peça de uma mulher deslembrada. De uma mulher... da minha mãe, é a história da minha mãe... que não é... ela... evidente, ela é uma atriz, que está... fazendo o papel... O papel... representando... uma mulher que esqueceu... Que não lembra... Que reinventa... Outra vida... de quase nada... Que está lá, no país dela, no meu país... Que não é ela... Que não é esse... Ela é uma atriz... Eu sou o filho dela.

MÃE: Mudança de luz. Cena 1.

1.

FILHO: Você está bem? O que aconteceu?

MÃE: Caí, não foi nada. Vamos retomar? Onde paramos?

FILHO: Não começamos ainda. Você ia buscar o livro. Está sangrando... Tem certeza?

MÃE: Ah, um tombinho à toa. Eu sangro à toa. E você? Está bem? E sua mãe? Melhorou?

FILHO: Mãe...

MÃE: Sim, sua mãe.

FILHO: Ela tinha um orgulho enorme de mim. E achava que meus amigos gostavam de mim. Imagina... Uma vez, jogaram um balde de lixo na gente, porque a gente estava se beijando dentro da cabine do banheiro do recreio. Nunca tive coragem de dizer que a festa dos 15 anos do meu primeiro amor já tinha acontecido e que ele não podia me convidar. Ia ser um escândalo! As pessoas não gostavam da gente. Ela ia ficar tão triste se soubesse disso... Ela gostava tanto dele... Ele gostava tanto de mim... Mas os outros não. Não gostavam da gente. Ela achava tão normal nosso amor. Gastou um dinheiro naquela camisa pra eu ir à festa dos seus 15 anos. [*pra MÃE*] Ninguém fala "gastou um dinheiro", gastou uma grana naquela camisa... Ou "comprou uma camisa cara", tem muita coisa errada aqui.

MÃE: Fala como você quiser. Escrevi isso há tanto tempo, nem lembro mais... Nem sei que peça é essa. Minha mãe já apareceu? E o meu filho? Ah, não! Não tive filhos.

FILHO: Todo mundo foi. Eu disse que tinha sido cancelada. "Então guarda pro meu enterro". As mães acreditam nos próprios filhos, mesmo quando sabem que eles estão mentindo pra elas. E eles mentem, o tempo todo. Elas acham que são pessoas honestas, éticas, amorosas. Com ele, meu primeiro amor, eu era, porque ele me amava, de verdade. Mas o resto do mundo, eu queria metralhar. Já faz tanto tempo... Ele morreu de amor por mim. Mesmo. Ele morreu... De amor... Por mim. Guardo a carta de despedida até hoje.

MÃE: Leia só pra você, ninguém aqui está interessado. Eu tenho pressa. Se eu não aprender francês, não vou lembrar... Não vou lembrar do mar, do farol, da chuva, de onde guardei um texto que escrevi, pra quando não lembrasse mais da minha vida... Pode ser este que estamos falando, claro! Me baseei naquele seu e-mail. Talvez seja. Não está escrito a lápis? Queria tê-lo. Outra vez. Em meus braços. O texto estava em cima da mesinha de cabeceira, do lado direito da minha cama, onde uma vez vomitei uma bebida estranhíssima, uma mistura de gim com... Me deram. Não posso ter perdido... Não, não perdi. Era a minha vida toda, até aqui. Aqui. Agora aqui. Nele conto tudo. Me baseei naquele seu e-mail.

FILHO: Que e-mail? Você não tem e-mail! Ai! Por que eu voltei?

MÃE: Conto do cheiro que sentia do papel que abraçava o pêssego... ô fruta cheirosa! Ia pra escola, e quando era época, passava pela barraquinha e ficava cheirando os pêssegos expostos. Seu Bê tirava a gente dali com um pedaço de cana, mas eu sempre conseguia roubar um papel em que o pêssego se sentava, e ia cheirando até a escola... Que delícia é o cheiro de pêssego... Depois, sentava em cima dele e me sentia um pêssego. Queria ser chupada. Lambida. Queria gozar como o pêssego gozava na nossa cara quando a gente chupava e chupava e. Se eu não aprender alguma coisa, vou esquecer do cheiro, do papel, da escola, da lambida, do seu Bê, da cana, do jornal no sapato pra durar, da fome, da usina, de minha mãe... de minha mãe.... Pêssego. [*pausa*] Às vezes acho melhor esquecer. Pêssego. [*pausa*] Melhor esquecer. [*cai*]

FILHO: Você está bem? O que aconteceu?

MÃE: Caí, não foi nada. Vamos retomar? Onde paramos?

FILHO: Não começamos ainda. Você ia buscar o livro. Está sangrando... Tem certeza?

MÃE: Ah, um tombinho à toa. Eu sangro à toa. E você? Está bem? E sua mãe? Melhorou?

A MÃE cai.

FILHO: Mãe...

MÃE: Sim, sua mãe.

FILHO: ...

MÃE: ...

MÃE: Está sentindo um cheiro estranho? Parece de...

FILHO: Cheiro?

MÃE: Sim, de...

FILHO: Cebola?

MÃE: Precisamos retomar, antes que eu me esqueça. Cebola.

FILHO: Está doendo?

MÃE: Tenho pavor de achar que não vou mais lembrar de alguma palavra, que eu não vou mais sentir... Cebola.

FILHO: Posso chamar alguém, seu filho está aí?

MÃE: Não gosto deste cheiro.

FILHO: Pode cantar para mim?

MÃE: Não tenho filho.

FILHO: Eu gosto tanto de te ouvir cantar...

MÃE: Cantar? E eu canto?

FILHO: Você cantava pra mim.

MÃE: [*um pouco perturbada*] Vou buscar o livro. Não gosto de cebola.

2.

FILHO: [*para a MÃE*] Se eu disser pra ela que eu roubei seu dinheiro, que fugi, que não a amei por um tempo, que a odiei mesmo, que desejei sua morte algumas vezes, que eu sempre sonhava com ela em cima de mim, com uma faca na mão, os olhos sangrando... eu jurei nunca mais vê-la na vida... eu não entendo até agora por que eu voltei. Sabia que podia encontrá-la assim. Mas eu não esperava encontrá-la assim. Assim.

Assim. Mas eu não esperava encontrá-la assim. Sabia que podia encontrá-la assim. Porque eu voltei, eu não entendo até agora, eu jurei nunca mais vê-la na vida, os olhos sangrando, com uma faca na mão, que eu sempre sonhava com ela em cima de mim, que desejei sua morte algumas vezes, que a odiei mesmo, que não a amei por um tempo, que fugi, que eu roubei seu dinheiro. Se eu disser pra ela.

Eles dançam, primeiro separados, depois juntos. Ao final, o FILHO mata a MÃE, com um objeto cortante.

3.

FILHO: A senhora está bem? Podemos continuar?

MÃE: Tropecei... Desculpe.

FILHO: Quer parar por hoje?

MÃE: Não, imagina, estou bem. E não tenho muito tempo. [*ri*]

FILHO: Que isso! A senhora esta ótima, mãe!

MÃE: Perdão?

FILHO: Perdoo.

Pausa.

FILHO: E a senhora, me perdoa?

MÃE: Tropecei... Desculpe.

FILHO: Quer parar por hoje?

MÃE: Não, imagina, estou bem. E não tenho muito tempo. [*ri*]

FILHO: Que isso! A senhora está ótima...

MÃE: ...

FILHO: Mãe?

MÃE: Perdão? Você pode falar em francês? Preciso ouvir. Me familiarizar com a língua.

FILHO: [*em francês*] D'accord, mais cette réplique ne fait pas partie de la pièce. Maman j'ai envie de t'embrasser, de t'aimer, d'enlever tes vêtements et de te teter comme avant. Ça me fait bander quand j'y pense, et j'y pense tous les jours. Pas un jour ne passe sans que je ne pense à toi. Mais pas à celle d'aujourd'hui... à celle d'il y a quelques années, celle qui m'aimait et qui se souvient qu'elle m'aimait. Je que ça n'a pas toujours été comme ça, que tu as voulus te débarrasser de moi. Oui, cette réplique n'a pas besoin de faire partie de la pièce. [*tradução: Tudo bem, mas talvez essa fala não entre na sua peça. Mãe, eu tenho vontade de te beijar, de te amar, de tirar sua roupa e mamar novamente em você. Meu pau fica muito duro quando eu penso nisso, e eu penso nisso todos os dias. Os dias não me deixam esquecer você. Mas não você hoje... Você de alguns anos atrás, quando ainda me amava e lembrava que me amava. Eu sei que não era assim sempre, você quis se livrar de mim algumas vezes. Sim, esta fala não precisa entrar.*]

MÃE: [*matando o FILHO*] Que lindo isso, filho! Que lindo isso, filho! Que lindo isso, filho! Que lindo isso, filho! Que lindo isso, filho! Que lindo isso, filho! [*com o FILHO morto em seus braços*] Mãe propõe que o filho continue a peça, que ele diga qual o caminho, pra onde estão indo, o que fazer a partir daqui. O que fazer, a partir daqui! [*pausa*] Como ela deverá ser e agir na visão dele. O que ele ainda espera dela. Cansei de escrever. Não sai mais nada. Continue você, Thomas. Escreve você, a partir daqui. Eu não dou conta de escrever esse texto sozinha. Não dá pra ter só um ponto de vista. Toda história tem no mínimo dois pontos de vista. Ou, dependendo dela, mudamos pra três ou quatro. Eu não sei terminar. Preciso que você continue. E que termine. Se você não quiser, peça pra alguém aqui. Alguém pode ter tido uma experiência parecida. Pode ajudar... Ou se ajudar. Thomas! Thomas! Thomas!

4.

MÃE: Olhando assim não dá pra saber se era ele mesmo, se pus no mundo, se amava, se queria dá-lo pra alguém, se tinha nojo, se queria cuidar, ensinar, dar

banho, masturbar, bater, puxar... masturbar, não...
É tanto verbo que confunde. Não dá pra saber
se fui eu quem o levou pra rua, fingindo esquecer
dele ali, rezando pra alguém achar e levar, tirar dos
meus olhos, da minha frente, da minha vida. Assim
não dá. Nunca quis ser mãe. E ninguém é obrigada.
Mas depois que nasce, não sei, dá um negócio
estranho, você se olha naquilo, se vê no futuro.
Seu único futuro. É amor, sim, só pode ser isso...
Amor... Muito. Dá tanto medo, que você quer se
livrar, o mais rápido possível. Isso ninguém te conta. "Todo poder vem do coração". Mas aí é preciso
ficar, resistir.

MÃE vai se transformando numa VACA.

VACA: Lutar, criar. E criar direito, educar! Esse é o verbo!
Por que vocês não educam seus filhos? Deixam
eles virarem uns monstros... Deixam eles virarem seres abomináveis? O que aconteceu com
vocês? "Todo poder vem do coração". Mujiiiiiiiiiiii.
Mujiiiiiiiiiiiiiii. Mujiiiiiiiiiiiiiiiii. Ela é abominável. Tirou
você da porta da Colombo e te levou de volta pra
casa. "Quero fazer de ti um homem de bem", pen-
sou no momento em que atravessava a rua. Hoje,
ela não lembra, mas te criou da pior forma possível. Aliás, seria melhor se ela tivesse te deixado
lá. Te colocariam na vitrine da Colombo, ao lado
do croquete de camarão, o melhor do mundo!
Dizem, nunca provei, só como grama. Talvez seu
destino fosse outro.

FILHO ressuscitando em seus braços.

FILHO: Ontem eu vi uma foto de uma jovem mãe no aeroporto. Seu filho estava deitado, sobre uma fralda de pano, no chão, à sua frente, enquanto ela mexia no celular. [*para a vaca*] Você entende isso? Consegue entender? Depois elas querem que você não sinta ódio delas. Elas roubam o seu tempo real, o tempo de contato, e te abandonam. No chão, na parede, dentro do celular. Não, você não entende, eu sei, você é só um animal. Um animal. Desculpe, eu vou te torturar. [*FILHO faz carinho na vaca e coloca quatro sugadores nos peitos dela*] Separam teu bezerro de você e você não reclama. Mas talvez isso seja melhor, porque não é uma escolha sua se separar dele. É melhor você não tomar atitude, deixar que os outros tomem por você, te digam o que fazer, te levem, como gado. É melhor você ser como todo mundo, usar as mesmas roupas, o mesmo corte de cabelo, rir do mesmo jeito, não querer ser diferente, a diferença não serve pra nada, só serve pra você pensar. E ser diferente. O fim da picada. Não é, querida?

FILHO começa a tomar o leite vindo dos quatro sugadores. VACA se dá conta e o repele com violência.

VACA: Mais qu'est-ce que c'est que ça?
Qui pensez-vous être?
Vous n'allez pas traire le lait de mon veaux?
Avoir l'habitude de me manger ne vous satisfait pas?
N'avez-vous pas tout dévasté comme vous vouliez?
N'avez-vous pas tout fini?
Voulez-vous encore de mon lait?
Pourquoi?

Quelle est cette cupidité sans limites? [*tradução: O que é isso? Quem você pensa que é? Não vai tirar o leite do meu bezerro, não. Você já não me come? Você já não devastou tudo o que queria? Já não acabou com tudo? Ainda quer o meu leite? Por quê? Que ganância é essa?*]

FILHO: Então diz pra ela quem eu sou! Pede pra ela me olhar. Se ela me olhar com vontade vai se lembrar de mim.

VACA: Laissez-moi tranquille! Oubliez-moi! Allez! Arrêtez de me consommer! C'est tout ce que vous savez faire. Assez! [*tradução: Me deixa! Me esquece! Vai! Para de me consumir! Só isso que vocês sabem fazer. Chega!*] Cansei... Só queria pastar em paz... Continuar vaca.

MÃE: Mãe propõe que o filho continue a peça, que ele diga qual o caminho, pra onde estão indo, o que fazer a partir daqui. O que fazer, a partir daqui! [*pausa*] Como ela deverá ser e agir na visão dele. O que ele ainda espera dela. Cansei de escrever. Não sai mais nada. Continue você... Escreve você, a partir daqui. Eu não dou conta de escrever esse texto sozinha. Não dá pra ter só um ponto de vista. Toda história tem no mínimo dois pontos de vista. Ou, dependendo dela, mudamos pra três ou quatro. Eu não sei terminar. Preciso que você continue. E que termine. Se você não quiser, peça pra alguém aqui. Alguém pode ter tido uma experiência parecida. Pode ajudar... Ou se ajudar.

FILHO: Não, eu não vou continuar isso pra você. Não acho justo. Você que me chamou, você devia ter alguma intenção quando me tirou de lá. Lá não é perfeito, mas é onde vivo, é onde quero viver. Não sou desses de abandonar meu lugar, mesmo revoltado. Esta história não acaba assim. Você tem que saber como terminar, se eu sou ou não seu filho, se isso é ou não de fato importante, se você quer dizer pra essas pessoas alguma coisa. Elas estão esperando, como eu. Mesmo que você use a desculpa de uma doença para se livrar, se alguma coisa der errado, assuma. Ninguém aqui te pediu nada.

MÃE: Como você é uma pessoa nefasta, nojenta, egoísta. Estou te dando uma chance de continuar. Mudar essa situação.

FILHO: Chance? Uma vez eu fiquei com essa mesma sensação que estou tendo agora. Comecei a ler um livro, onde o protagonista era um escritor, que tinha acabado de se livrar de uma doença que quase o matou. Estava em crise, sem inspiração. Então, ele compra um caderno azul e a vontade de escrever reaparece. Começa a criar um romance que se desdobra em muitos. Superpondo um ao outro. O seu protagonista decide abandonar a vida passada e recomeçar do zero em um outro lugar. Acaba por não ter saída. Ele, o escritor, o tranca de um jeito que não tem como continuar a história. Sua vida também está desmoronando. O destino acaba por cair de forma avassaladora por cima deles, dos protagonistas. É um livro sobre o tempo... A passagem dele... Sobre pessoas que partem e são esquecidas. Sobre pessoas que preferem esquecer. É isso? Não tem mesmo saída? Nem volta? Nada a fazer? Mãe, essa responsabilidade é sua, não minha, você precisa terminar. [*pausa*] Certo, vou te ajudar.

Entrega para a MÃE um objeto cortante. Ela se autoapunhala e cai.

MÃE: [*vendo o próprio sangue jorrar*] Eu sangro à toa. Cebola. Agora me lembro... Minha mãe colocando meu irmão do meio e eu, em cima de um murinho, na frente da nossa casa... Ela enchia nossas mãos de jornal picado para jogarmos em quem passasse na rua. Copa de 70. Ela, com um barrigão de seis meses, meu irmão caçula dentro. Logo depois ele nasceu. Prematuro. Enquanto isso, cadeias lotavam de meninos e meninas. Mas por que estou falando sobre isso? Não gosto desse cheiro. E ele insiste em voltar. Está sentindo? Cada vez mais forte... Mas por que estou falando sobre isso?

MÃE morre. FILHO come pedaços dela.

FILHO: Não! Para de misturar realidade com ficção. Você não veio aqui pra falar disso. Você veio contar que está doente, que não se lembra do filho que teve, ou finge não se lembrar. Você pensa que contratou um professor de francês! Pra quê, se você fala tão bem? Praticamente não se nota o sotaque. De repente, você não é minha mãe, vira uma vaca, diz coisas sem nexo, sobre si e sobre um país sem pé nem cabeça; eu continuo aqui esperando alguma coisa acontecer. Te como, te mastigo, te engulo, e nada? Você finge que está morta, mas continua viva e apoplética. Mãe! Até quando? Como é o fim da história do Paul Auster? Como termina o oráculo?

MÃE: Não termina. Nada termina. Tudo é ciclo, cíclico, ciclo, cíclico, ciclo [*MÃE começa a dançar. FILHO, depois de um tempo, dança também*] cíclico, ciclo, cíclico, ciclo, ciclo, cíclico, ciclo, cíclico, ciclo, ciclo, cíclico, ciclo, cíclico, ciclo, ciclo, cíclico, ciclo, cíclico, ciclo, ciclo, cíclico, ciclo, cíclico, ciclo, ciclo, cíclico, ciclo, ciclo, cíclico, ciclo, cíclico, ciclo, cíclico, ciclo, ciclo, cíclico, ciclo, cíclico, ciclo.

Terminam a dança.

5

Pausa.

Recomeçam a dançar.

MÃE: Queria que soubesse o quanto te amei. [*FILHO dá um tapa na MÃE*]

Você foi a melhor coisa que me aconteceu. [*FILHO dá um tapa na MÃE*]

Nada vai nos separar. [*FILHO dá um tapa na MÃE*]

A vida é feita pra ser vivida. [*FILHO dá um tapa na MÃE*]

Juízo! [*FILHO dá um tapa na MÃE*]

Só quero te ver com saúde. [*FILHO dá um tapa na MÃE*]

Onde foi que eu errei? [*FILHO dá um tapa na MÃE*]

Não me arrependo de nada. [*FILHO dá um tapa na MÃE*]

Não me arrependo de nada. [*FILHO dá um tapa na MÃE*]

FILHO: [*grita*] Mãe!

MÃE: Filho? Agora me lembro. Blecaute.

6.

FILHO: Pensa em você. Neste mundo não cabe mais diferenças, nem liberdade. Isso é teoria. Você é o que importa. Só você. Senão você perde. Se você perde, o outro ganha. O outro não pode ganhar. Você é o que importa. Só você.

MÃE: Luz sobe, lentamente. Que cena é essa?

FILHO: Qual a primeira imagem que vem à sua cabeça? A primeira imagem que me vem é a de uma fila, certinha, lado a lado, uma repetição de mães, todas com os olhos bem abertos, bocas abertas, babas brancas escorrendo e colheres enfiadas até o meio da garganta.

MÃE: Tenho ânsia quando a comida escorre no canto da boca. Uma gosma branca, sem sentido. Tudo tão sem sentido. Não vou continuar.

FILHO: Tudo acaba. E por que não acaba antes? Por que passa do ponto de acabar? Tem que acabar, do jeito que está não dá mais, não está dando nem pra respirar. É como se a vida tivesse estagnada. Alguém gritou "Estátua!" e você ficou ali, parado, sem saber pra onde ir, o que fazer, nem o que pensar. Tem que acabar... Alguém tem que acabar com isso. A gente tem que acabar com isso. Virar esse jogo. Alguém aqui tem fogo?

MÃE: Se fosse fácil as pessoas paravam antes da faca entrar na carne.

FILHO: O fato é que eu não confio nessa realidade e não consigo suportar por muito tempo a ausência de sentido. Tem fogo? Por isso, vou nessa.

MÃE: Não. Vamos esperar.

FILHO: Não dá mais. Ou a gente vai ou...

MÃE: Shhhhhh!

Pausa.

FILHO: E eles esperam. Por horas. Por dias. Meses. Anos. Esperam tanto que se cansam. E o que parece uma solução vai virando um tormento, um inferno, uma espera sem fim. E descobrem que esperando não vão conseguir mudar nada. Tá difícil, mãe!

MÃE: Não estou entendendo! Proponho esperarmos um pouco mais.

FILHO: Eu não posso.

MÃE: Ninguém aqui está interessado.

FILHO: A velocidade do tempo paralisou nossos sentimentos. Isso é bom?

MÃE: Isso é literatura.

FILHO: Você não me escuta mais.

MÃE: Se eu te chamar de filho, você me tira desse lugar estranho?

FILHO: Metamorfose.

MÃE: Não que eu me lembre de você, é só pra sair daqui.

FILHO: O negócio é encher o peito de ar e ir soltando, devagar. Vi isso numa peça, só agora entendi.

MÃE: Eu canto! Lembrei que eu canto. Lá lá lá lá lá lá lá lá lá lá lá lá lá lá lá lá. Por que não saímos todos? Pra rua! Lá lá lá lá lá lá lá lá lá lá lá lá lá lá lá. Na rua sempre deu certo. Lá lá lá lá lá lá lá lá lá lá lá lá lá lá lá.

FILHO: Na rua eles não deixam.

MÃE: Mas vamos, mesmo assim! Lá lá lá lá lá lá lá lá lá lá lá lá lá lá lá.

FILHO: Sua voz é horrível. Não convenceu ninguém. E por que a gente está falando sobre isso? *D'accord*, vamos esperar aqui. Alguém pode jogar um coquetel-molotov! Pode ser a salvação.

MÃE: Metamorfose. Prefiro.

FILHO: E nesse momento eles veem uma bola brilhante vindo na direção deles e, quando tentam pegar, ela cai, perto, na frente deles. Então o chão vai craquelando, rachando mesmo, se abrindo, ficando só com uma camada fininha de pó por cima, mas, como é translúcida, a gente consegue ver por cima dessa camada. E vê que por baixo do pó tem um buraco fundo, mas dá pra enxergar uma civilização inteira, lá do outro lado, ainda empoeirada, mas luminosa.

E o peso da gente cede e a gente vai descendo por esse buraco, bem devagar, brincando com a gravidade ao contrário, até chegar nela, nessa cidade submersa, mas luminosa. E caímos certinho, de pé. E dá uma sensação boa, de que valeu a pena. Os dois começam a rir e não param mais.

Pausa.

MÃE: Acabou?

FILHO: O quê?

MÃE: A peça!

Pausa.

FILHO: Os dois começam a rir e não param mais.

Tristes, se entreolham, como se esperassem alguma resposta, que não vem. Então, começam a recolher os objetos. MÃE cai.

7.

FILHO: Você está bem? O que aconteceu?

MÃE: Caí, não foi nada. Vamos retomar? Onde paramos?

FILHO: Não começamos ainda. Você ia buscar o livro. Está sangrando... Tem certeza?

MÃE: Ah, um tombinho à toa. Eu sangro à toa. E você? Está bem? E sua mãe? Melhorou?

FILHO: Mãe...

MÃE: Sim, sua mãe.

Pausa.

FILHO: Mãe propõe que o filho, do qual ela não se lembra, continue a peça, que ele diga qual o caminho, pra onde estão indo, o que fazer a partir daqui. O que fazer, a partir daqui?

FIM

Memória das coisas

Essa última peça talvez não seja a última e talvez não seja peça. Talvez seja só uma provocação. Talvez só imagens preenchidas de palavras. Talvez seja um espaço esquecido no tempo. Talvez somente... como era mesmo o nome? Quinquilharias?! Talvez seja um jogo da memória incompleto, faltam peças, faltam rostos, lembranças. Talvez seja uma boneca sem cabeça e já não é mais possível lembrar como fora antes, como se a sua natureza tivesse sido sempre assim, desmemoriada.

Talvez uma blusa desbotada, que na verdade nunca foi desbotada. E se mudou de cor é só porque não tinha ninguém que a vestisse e agora sua cor até que está na moda, acho. Ou uma cadeira que deixou de ser cadeira só porque lhe faltam as pernas, não aguentou ficar parada por muito tempo e resolveu correr mundo. Talvez aquele animal empalhado no sótão, qual o nome mesmo? Coruja? Tem certeza de que ela está morta? Me enganei, é uma vaca. Por que ela fica me encarando assim?

Ou talvez aquela planta seca que continua sendo regada diariamente. Talvez aquele trecho de poema famoso, como é mesmo? "Não sou nada, nunca serei nada..." Esqueci o resto. Talvez uma mãe que não se lembra do próprio filho e o confunde com um professor de francês. Ou talvez não seja mesmo o filho dela. Talvez seja um ator se fazendo passar por professor de francês, que está se fazendo passar por filho. Ou um filho, que não se conforma de não ser lembrado e sofre porque não queria estar ali, diante dela, anônimo. E grita esbaforido: "Mãe, esqueça tudo, mas lembre-se de mim?!"

Que paisagem é essa que habitamos a partir de agora? Que corpo é esse que habitamos quando não lembramos de mais nada? Que congestionamento é esse no mapa-múndi do nosso cérebro e que interrompe os nossos circuitos?

Você já não é mais você. Eu já não sou mais eu para você. Ocupamos corpos que não se reconhecem mais. Somos o esquecimento, somos lembrança remota. Somos o desconhecido, somos a dependência e a repulsa, somos o que apagaram de nós. Somos cacos, frestas, fissuras, cortes e cicatrizes, uma sucessão de imagens pontiagudas. Nos tornamos coisas. Coisificamo-nos?

Danilo Grangheia
Ator e diretor
São Paulo, maio de 2018

Lembrar

Um primeiro texto. Um primeiro texto de teatro. Quanta alegria! Como o pintor e a cor, o músico e a nota. O autor e sua palavra. Um primeiro texto. Sua primeira palavra. Um primeiro texto remete com frequência à primeira palavra. Qual é a primeira palavra que surge? Não a segunda ou a terceira, a primeira. Inez, você se lembra da primeira palavra dessa peça? Aquela que você escreveu no seu computador, como estou fazendo agora. Ela surgiu sozinha? Você a apagou? Substituiu-a por outra? Você a apagou, fez uma pequena pausa e tornou a escrever a mesma palavra? Uma hesitação ou, ao contrário, uma certeza? Foi algo evidente? Porque para você essa foi a primeira palavra de um primeiro texto. Você se lembra de onde você estava quando escreveu essas primeiras palavras? Que tempo fazia? Você estava com alguém? Na sua casa? Um gato miava por perto? Deveríamos conservar esses momentos. O momento da primeira palavra. Ele deveria ficar gravado. Mas deles esquecemos. Rabiscamos, avançamos. Esquecemos. Como a mãe da sua peça. Ela esqueceu o sabor. A temperatura ambiente. O filho. Como registrar a sensação da primeira palavra? Como conservá-la? Para que cada texto futuro fique impregnado dessa sensação. A da primeira palavra escrita em uma folha. Como fazer para conservar a lembrança? Para ela não secar? Para permanecer viva?

Felizmente, com muita frequência, a primeira palavra é uma repetição da última. Que repete todas as outras. E damos tratos à bola. E a pergunta continua lá. Encasquetamos. Repetimos. De novo. E ainda mais uma vez. Nossa primeira palavra contém todas as outras. E ela nos permite preservar o gosto da lembrança. Do lembrar.

Thomas Quillardet
Ator e diretor
Paris, 14 de maio de 2018

A primeira palavra

5:58

Escrevo, olhando pra ela, sentada em sua cama, com meu pé encostado no dela. Tudo parece sob controle. Ela dorme. Mas não foi assim três minutos atrás. Acordou sufocada e, pela primeira vez, achei que pudesse ser a última. Gelei. Igual sensação tive quando ela vinha nos ver, durante um período em que precisou ficar afastada da gente, por causa de uma doença contagiosa, e acenava da calçada, não podia nos tocar. Trazia, pra mim e pros meus irmãos, balas recheadas de leite condensado, e ficávamos vendo ela chorar disfarçadamente, através do vidro da janela de nossa casa, que dava pra rua. Quem cuidou da gente, nessa ocasião, foi minha avó, sua mãe. Eu sempre achava que era a última vez que a veria, mas isso não me entristecia de verdade, porque não compreendia direito a morte. Acenava pra ela, pra descer rápido da cadeira e comer as deliciosas balinhas. Não sentia nada. Minha filha, não chora, guarde suas lágrimas porque você ainda vai ter muito o que chorar nesta vida. Ouvi aos cinco, aos prantos, quando o bracinho da minha boneca mais amada se descolou de seu ombro. Depois, parei de chorar. Quando morei na Bahia, ela apareceu por lá, com um câncer no rim direito. Eu também perdi minha mãe muito cedo, me disse o médico, depois de operá-la, há 23 anos. Ela está aqui, doutor agourento! E eu estou com ela. Firme. Virada. Tentando preencher esta folha, com alguma coisa que faça sentido, neste momento em que preciso falar um pouco da descoberta de escrever a última peça. Da boa surpresa desta publicação. Da vontade de inventar, sempre. De sempre ter escrito e nunca ter mostrado. De querer achar algum paralelo com a história real dela. De abrir meus braços e alcançar Grace, Marcio, Danilo e Thomas, agradecida pelos textos que, de forma generosa, escreveram especialmente para esta publicação. De acreditar mais na Arte que na vida.

Deu vontade de escrever, sei lá. E veio ela, a mãe, veio o Gênese, a metamorfose, veio a repetição, essa relação mãe e filho que, diga-se de passagem, em nada traduz a minha com ela. Ainda não existe o esquecimento nem a falta de amor. Ainda estamos aqui. Aos trancos e barrancos, mas estamos aqui. Nesse momento de muitos retrocessos, em que o pior deles é quererem que a gente volte cinquenta casinhas. Ainda estamos sendo atropelados por pensamentos retrógrados, machistas, racistas, homofóbicos, misóginos.

7:02

Mas agora, aqui, ela dorme. Ou só está fingindo, de olhos fechados, pra me ajudar. Sempre pra me ajudar. E o silêncio, que me possibilita escrever este texto, não é daqui, é lá de fora, e vem trazendo devagar este 18 de maio de 2018. Aqui dentro é festa! Só continuo apavorada com a possibilidade de perdê-la. Guardo as lágrimas, não chegou o momento. Quanto tempo? Tudo é ciclo, cíclico, ciclo, ciclo, cíclico, ciclo.

Mãe. Essa foi a primeira palavra, Thomas!

E foi pra eu não esquecer de lembrar, um dia, dela. Tenho muito medo de esquecer, de sair do ar, por isso estou aqui.

A gente só vive na memória do outro. Até quando? Até sempre.

8:01

Acorda, mãe! Escrevi esta peça pra você. Espero que goste.

Inez Viana
Rio de Janeiro, maio de 2018

© Editora de Livros Cobogó, 2018
© Inez Viana

Editora-chefe
Isabel Diegues

Editora
Fernanda Paraguassu

Gerente de produção
Melina Bial

Tradução do francês
Betch Cleinman (p. 49)

Revisão final
Eduardo Carneiro

Projeto gráfico e diagramação
Mari Taboada

Capa
Felipe Braga

CIP-BRASIL. CATALOGAÇÃO-NA-FONTE
SINDICATO NACIONAL DOS EDITORES DE LIVROS, RJ

V667u

Viana, Inez, 1965-
    A última peça / Inez Viana. – 1. ed. – Rio de Janeiro: Cobogó, 2018.
    64 p.; 19 cm. (Dramaturgia)

    ISBN 978-85-55910-54-8

    1. Teatro brasileiro (Literatura). I. Título. II. Série.

18-50206
    CDD: 869.2
    CDU: 82-2(81)

Meri Gleice Rodrigues de Souza- Bibliotecária CRB-7/6439

Nesta edição, foi respeitado o Acordo Ortográfico da Língua Portuguesa de 1990, que entrou em vigor no Brasil em 2009.

Todos os direitos em língua portuguesa reservados à
Editora de Livros Cobogó Ltda.
Rua Jardim Botânico, 635/406
Rio de Janeiro — RJ — 22470-050
www.cobogo.com.br

Outros títulos desta coleção:

COLEÇÃO DRAMATURGIA

ALGUÉM ACABA DE MORRER LÁ FORA, de Jô Bilac

NINGUÉM FALOU QUE SERIA FÁCIL, de Felipe Rocha

TRABALHOS DE AMORES QUASE PERDIDOS, de Pedro Brício

NEM UM DIA SE PASSA SEM NOTÍCIAS SUAS, de Daniela Pereira de Carvalho

OS ESTONIANOS, de Julia Spadaccini

PONTO DE FUGA, de Rodrigo Nogueira

POR ELISE, de Grace Passô

MARCHA PARA ZENTURO, de Grace Passô

AMORES SURDOS, de Grace Passô

CONGRESSO INTERNACIONAL DO MEDO, de Grace Passô

IN ON IT | A PRIMEIRA VISTA, de Daniel MacIvor

INCÊNDIOS, de Wajdi Mouawad

CINE MONSTRO, de Daniel MacIvor

CONSELHO DE CLASSE, de Jô Bilac

CARA DE CAVALO, de Pedro Kosovski

GARRAS CURVAS E UM CANTO SEDUTOR, de Daniele Avila Small

OS MAMUTES, de Jô Bilac

INFÂNCIA, TIROS E PLUMAS, de Jô Bilac

NEM MESMO TODO O OCEANO, adaptação de Inez Viana do romance de Alcione Araújo

NÔMADES, de Marcio Abreu e Patrick Pessoa

CARANGUEJO OVERDRIVE, de Pedro Kosovski

BR-TRANS, de Silvero Pereira

KRUM, de Hanoch Levin

MARÉ/PROJETO bRASIL, de Marcio Abreu

AS PALAVRAS E AS COISAS, de Pedro Brício

MATA TEU PAI, de Grace Passô

ÃRRÃ, de Vinicius Calderoni

JANIS, de Diogo Liberano

NÃO NEM NADA, de Vinicius Calderoni

CHORUME, de Vinicius Calderoni

GUANABARA CANIBAL, de Pedro Kosovski

TOM NA FAZENDA, de Michel Marc Bouchard

OS ARQUEÓLOGOS, de Vinicius Calderoni

ESCUTA!, de Francisco Ohana

ROSE, de Cecilia Ripoll

O ENIGMA DO BOM DIA, de Olga Almeida

COLEÇÃO DRAMATURGIA ESPANHOLA

A PAZ PERPÉTUA, de Juan Mayorga
Tradução Aderbal Freire-Filho

APRÈS MOI, LE DÉLUGE (DEPOIS DE MIM, O DILÚVIO),
de Lluïsa Cunillé
Tradução Marcio Meirelles

ATRA BÍLIS, de Laila Ripoll
Tradução Hugo Rodas

CACHORRO MORTO NA LAVANDERIA: OS FORTES, de Angélica Liddell
Tradução Beatriz Sayad

DENTRO DA TERRA, de José Manuel Mora
Tradução Roberto Alvim

MÜNCHAUSEN, de Lucía Vilanova
Tradução Pedro Brício

NN12, de Gracia Morales
Tradução Gilberto Gawronski

O PRINCÍPIO DE ARQUIMEDES, de Josep Maria Miró i Coromina
Tradução Luís Artur Nunes

OS CORPOS PERDIDOS, de José Manuel Mora
Tradução Cibele Forjaz

CLIFF (PRECIPÍCIO), de Alberto Conejero López
Tradução Fernando Yamamoto

2018

―――――――――――

1ª impressão

Este livro foi composto em Univers.
Impresso pelo Grupo SmartPrinter
sobre papel Bold LD 70g/m².